EL CAPITAL EN EL SIGLO XXI

Comprender mejor la desigualdad global

Resumen y análisis
de la obra de Thomas Piketty

Por Steven Delaval
Traducido por Laura Bernal Martín

Book Review en50MINUTOS.es

COMPRENDER MEJOR LAS DESIGUALDADES CONTEMPORÁNEAS

El capital en el siglo XXI, el superventas de Thomas Piketty publicado en 2013, trata sobre la dinámica histórica de la renta del trabajo y del patrimonio desde la Revolución Industrial hasta nuestros días. Con un título que recuerda justificadamente a la obra de Karl Marx sobre la acumulación del capital en el siglo XIX, Piketty nos ofrece su análisis de la situación económica en este principio del siglo XXI, con la ventaja de disponer de datos cuantitativos inimaginables en la época de los economistas clásicos.

Esta obra es fruto de quince años de compilación de datos estadísticos de no menos de veinte países —trabajo que llevó a la creación del WTID o World Top Income Database— y de numerosas colaboraciones universitarias. Se trata de una verdadera referencia para todos aquellos que quieren comprender más en profundidad las transformaciones del capital, del trabajo y de la economía mundial de los últimos trescientos años. Además, gracias a la retrospectiva histórica, este estudio propone una puesta en perspectiva de la situación económica actual; incluso apela, como veremos más adelante, a un verdadero cambio de paradigma.

¿Su postulado? La propia dinámica del capitalismo en períodos de débil crecimiento económico genera una concentración del capital en manos de una minoría muy rica, lo que no deja de aumentar la desigualdad. Este libro te presenta en 50 minutos los principales argumentos y las soluciones aportadas por el autor.

Datos principales

- **¿Edición de referencia?** Piketty, Thomas. 2014. *El capital en el siglo XXI*. Traducido por Eliane Cazenave-Tapie Isoard. Madrid: S. L. Fondo de Cultura Económica de España.
- **¿Autor?** Thomas Piketty (nacido en 1971 en Clichy), economista francés especialista en el estudio de las desigualdades económicas.
- **¿Ámbito?** Las ideas desarrolladas por Piketty pueden equipararse con la teoría intervencionista o keynesiana (que preconiza una injerencia por parte de los poderes públicos en la vida económica de un país).
- **¿Palabras clave?**
    - Capital: conjunto de pertenencias, financieras u otras, que posee una entidad (persona, familia, empresa, país, etc.), que constituyen un patrimonio y que pueden generar un ingreso. Así, en este libro, «patrimonio» y «capital» se consideran sinónimos.
    - Ingreso nacional (IN): total de los ingresos de un país, procedentes del interior de sus fronteras o del extranjero, menos los ingresos que se van al extranjero. La renta nacional se distingue del producto interior bruto (PIB), que es la suma de toda la producción realizada dentro del territorio de un país, aunque sus ingresos se vayan al extranjero. Así, por ejemplo, los países productores de petróleo tienen una renta nacional muy superior a su PIB, mientras que,

en cambio, los países del tercer mundo poseen un PIB superior a su IN. Los países ricos de la OCDE, por su parte, suelen tener una renta nacional entre un 1 y un 2 % superior a su PIB.

- Inflación: aumento generalizado y sostenido del coste de vida.

CONTEXTO

EL AUTOR

Thomas Piketty nace en Clichy en 1971 y es profesor de economía y director de estudios en la Escuela de Altos Estudios en Ciencias Sociales (EHESS) de París desde el año 2000. Asimismo, del 2005 al 2007 se encarga de la creación y, más tarde, de la dirección de la Escuela de Economía de París (PSE). Es autor de numerosos artículos académicos y de una decena de libros dedicados al desarrollo económico y a la cuestión de la distribución de la riqueza. Su obra *El capital en el siglo XXI* ha alcanzado el estatus de superventas mundial con varios cientos de miles de ejemplares vendidos en todo el mundo, tanto en Europa como en Estados Unidos y Asia.

CONTEXTO Y ÁMBITO

Piketty adopta una perspectiva macroeconómica a nivel mundial. Al hacerlo, intenta aportar su granito de arena a la reflexión general relativa a los mecanismos de inestabilidad financiera que ha sucedido a la crisis de 2008-2009.

La crisis de 2008

En 2007 estalla la crisis de las hipotecas basura o de las *subprimes*. Este término designa los créditos hipotecarios estadounidenses de alto riesgo que los bancos concedieron masivamente a partir del 2001 a familias poco solventes que deseaban comprar una casa. Estos créditos con riesgo elevado a continuación fueron vendidos a diferentes agentes financieros que los adquirieron no con el objetivo de guardarlos, sino con el fin de revenderlos con una plusvalía. Pero cuando numerosos prestatarios de préstamos *subprime* ya no fueron capaces de pagar su deuda y vieron su casa confiscada y puesta en venta para reembolsar a los bancos, el valor inmobiliario disminuyó en todo el mundo, incluso para los prestatarios serios. El efecto dominó provocó que esta crisis inmobiliaria generara el hundimiento del sector financiero y que al año siguiente estallaran graves problemas en el seno de la economía global.

La crisis provocó un cuestionamiento —aún vigente— de los paradigmas dominantes en las ciencias económicas: conceptos teóricos basados en la doctrina neoclásica y una metodología que se apoya en gran medida en la modelización matemática. Aunque desde principios de siglo se puede observar el desarrollo de nuevos enfoques que a veces se alejan mucho de los principios neoclásicos, la disciplina tal y como se enseña en la universidad sigue estando muy unida a esta corriente nacida a finales del siglo XIX, lo que contribuye al mantenimiento de un modelo dominante que a veces no va acorde con la evolución de la sociedad. La crisis del 2008 sacó estos problemas a la luz, poniendo de manifiesto la incapacidad de la disciplina para prever o incluso explicar estos fenómenos de crisis.

La teoría neoclásica

La corriente económica del neoclasicismo se remonta a finales del siglo XIX y busca darle una legitimidad científica a la economía mediante el análisis de los fenómenos económicos a través de modelos matemáticos que ilustran situaciones ideales. Estos se apoyan en varios postulados teóricos:

- los fenómenos económicos son el resultado de comportamientos individuales (orientación microeconómica);
- los agentes económicos son racionales (*homo oeconomicus*) en su búsqueda de satisfacción (o de utilidad);
- los agentes actúan disponiendo de una información completa.

De esta manera, Piketty se inscribe en las preocupaciones de su tiempo (dar cuenta de las evoluciones recientes de nuestro sistema a nivel mundial e intentar comprender el porqué de la inestabilidad actual), aunque lo hace al margen de los esquemas habituales que rigen el pensamiento económico. En primer lugar, su estudio es mucho más amplio que la mayoría de los estudios que se suelen realizar, tanto en el plano geográfico y temporal como en lo relativo a la cantidad de datos en que se basa. Seguidamente, su punto de vista —el del reparto y la acumulación del capital como elementos principales del funcionamiento de las sociedades modernas— es atípico. En lo que se refiere a su metodología, se acerca tanto a la economía como a la historia o a la sociología.

Esta obra se dirige tanto a especialistas como a un público más amplio interesado en ampliar sus conocimientos en estos ámbitos.

EL CAPITAL EN EL SIGLO XXI

RESUMEN

Sin entrar en detalle sobre las proposiciones de Thomas Piketty, que nos ofrece sus opiniones a lo largo de más de 900 páginas, presentaremos las leyes económicas que enuncia y en las que se apoya antes de pasar a describir las observaciones que realiza, así como las tesis que formula gracias a los datos recabados. El conjunto de su obra se basa en el análisis de diferentes indicadores económicos que, a largo plazo, nos permiten reinterpretar numerosas opiniones hoy en día populares, pero sintomáticas de una cierta miopía histórica.

La obra, modelo de metodología y de legibilidad, se acompaña también de anexos técnicos actualizados con regularidad y disponibles en línea, que le ofrecen al lector una visión de conjunto más sencilla así como la posibilidad de profundizar personalmente en la materia con más facilidad (http://piketty.pse.ens.fr/en/capital21c2, en inglés).

TODOS LLEVAMOS A CUESTA LOS SESGOS DE NUESTRA ÉPOCA

¿SABÍAS QUE...?

Un sesgo es un patrón de pensamiento que simplifica la realidad —lo que para el ser humano es útil e incluso necesario para evolucionar en un mundo complejo—, pero que también va a deformarla, a menudo en el sentido de un *a priori* preexistente a una observación. Por tanto, el sesgo tiende a confirmar nuestras opiniones preconcebidas, a veces incluso cuando los hechos deberían hacer que nos las replanteáramos.

Thomas Piketty lanza su problemática de esta manera: incluso si, *a priori*, todos somos capaces de observar las condiciones de vida contemporáneas y las relaciones de poder y de dominación entre grupos sociales, nuestro vínculo con el mundo no deja de ser subjetivo. Además, los sesgos de juicio no solo conciernen al común de los mortales: ni siquiera los grandes nombres de la economía logran escapar de ellos.

- Así, Piketty nos muestra cómo, hacia 1790, autores como **Thomas R. Malthus** (1766-1834) tenían visiones apocalípticas del futuro de la clase trabajadora. Malthus fue un economista británico de la escuela clásica que se opuso al concepto de la «mano invisible» de Adam Smith (filósofo y economista escocés, 1723-1790), que crearía una sociedad en armonía gracias al ajuste natural de los precios a partir de la ley de la oferta y la demanda. En su *Ensayo sobre el principio de la población*, Malthus anticipó los problemas sociales que provocaría un crecimiento demográfico demasiado alto al engendrar una evolución más rápida de las necesidades de la población que de los recursos disponibles. Asimismo, se opuso a la primera ley sobre el salario mínimo (Ley de Speenhamland o ley de los pobres) establecida entre 1795 y 1834, reprochándole el hecho de favorecer la desresponsabilización de los trabajadores. Fue pastor, y se mostró a favor del control demográfico a través de la abstinencia. Países como India, China o Vietnam, por ejemplo, han practicado políticas maltusianas para el control de su población (como la política del hijo único en China de 1979 a 2015).

- Al contrario, las obras de **Simon Kuznets** (1901-1985) han desembocado, a pesar de ser científicamente correctas, en teorías que podemos calificar de ingenuas: el capitalismo conduciría por naturaleza a una reducción de las desigualdades. Aunque la prensa destinada al gran público haya generalizado de forma abusiva las palabras de Kuznets, famoso por teorías erróneas que no eran suyas, este autor de origen bielorruso que trabajó en Estados Unidos y ganó el Premio Nobel de Economía en 1971 es considerado como el «padre la contabilidad del ingreso nacional» (que consiste en la medida de la actividad económica de un país durante un período determinado) y es el inventor del concepto del PIB (indicador económico de la producción realizada en los límites de un territorio dado y en un período definido). Para realizar su estudio, Piketty se inspira en el análisis de Kuznets sobre la situación estadounidense entre 1913 y 1948. Sin embargo, el estudio de Piketty se extiende a lo largo de 300 años y abarca 20 países, mientras que Kuznets se concentra únicamente en una generación en un país.
- Finalmente, **Robert Solow** (nacido en 1924) es un sociólogo y economista neoyorquino que sirve en el ejército estadounidense entre 1942 y 1945 en el Magreb y en Italia. Después, aconseja al presidente Kennedy y recibe el Premio Nobel de Economía en 1987 (aunque él considera

que «no se le dan bien las matemáticas»[1]). En su opinión, la economía y lo social son indisociables y el crecimiento debe, a largo plazo, beneficiar de manera igualitaria a todas las clases sociales. Sin embargo, aunque la época se caracterizaba entonces por el crecimiento y una disminución de las desigualdades, hoy en día podemos afirmar que es un error trazar un vínculo de necesidad entre estos dos fenómenos.

Es cierto que, a veces, estas teorías nos hacen sonreír a día de hoy, pero hay que entender que fueron enunciadas por especialistas eminentes y que parecían totalmente plausibles en la época. Aunque los seres humanos tienden a considerar que las condiciones en las que viven son naturales y universales, lo cierto es que portamos sesgos, y este es el motivo por el que Thomas Piketty redacta esta obra sobre la evolución de la economía mundial desde la Revolución Industrial: permitir que tomemos distancia con nuestras percepciones contemporáneas.

PRIMEROS ESTUDIOS SOBRE EL CAPITAL

Para plantear mejor su demostración, el autor retoma las primeras grandes teorías del capital.

David Ricardo y el principio de escasez

David Ricardo (1772-1823) es uno de los economistas ingleses liberales más importantes del siglo XVIII y XIX. Testigo de la explosión demográfica de su época, prevé una producción

1. Cita traducida por 50Minutos.es

agrícola insuficiente y una fuerte presión sobre las tierras: la demanda de parcelas cultivables aumentará mecánicamente con el crecimiento de la población, mientras que la oferta solamente podrá mantenerse estable teniendo en cuenta que Inglaterra es una isla. En este contexto, un incremento de los precios de las tierras parece inevitable. Ricardo postula que, a largo plazo, solo riquísimos propietarios podrán adquirir tierras, con las consecuencias sociales que todos imaginamos.

Entonces, Ricardo utiliza la ley de la oferta y de la demanda con el objetivo de predecir un aumento del precio del capital inmobiliario a lo largo del tiempo, y para anticipar sus consecuencias sociales y políticas. Sin embargo, la realidad se revelará muy distinta: Ricardo no podía imaginar ni los progresos técnicos futuros ni el auge que conocería el colonialismo. Estos dos factores permitirán niveles de productividad totalmente inéditos y harán explotar artificialmente la superficie de tierra disponible. La teoría económica, aunque es matemáticamente lógica, se ve de esta forma obsoleta debido a factores históricos imprevisibles.

Marx y el principio de acumulación infinita

Breve biografía

Karl Marx (1818-1883) fue, además de filósofo, historiador y economista, un activista político. Autor pletórico, tuvo una gran influencia en la economía, en la sociología y en la historia del siglo XX, durante el que numerosos movimientos revolucionarios se identificaron con su pensamiento. Este alemán procedente de una familia acomodada que acudió a Francia para participar en el emergente movimiento socialista fue expulsado de París en 1845 y, en 1847, redactó el *Manifiesto del Partido Comunista* en Bruselas. Aunque fue un investigador y autor perseverante, pasó los últimos años de su vida sumido en una gran miseria material —uno de sus hijos llegó a morir de inanición cuando estaba exiliado en Londres—.

El primer tomo de *El capital*, en el que Marx sustituye el capital territorial de Ricardo por el concepto de capital industrial (inmobiliario y maquinaria), se publica en 1867. El autor muere antes de terminar el segundo y tercer tomo, que, sin embargo, serán publicados a título póstumo por Friedrich Engels (1820-1895). Este último, fruto de una familia de industriales alemanes y ejecutivo en una empresa inglesa, financiaba ya secretamente y desde hacía mucho tiempo los trabajos de Marx debido a su ideal de teórico y militante socialista.

En el primer tomo de *El capital*, Karl Marx defiende la idea de que la acumulación infinita del capital en manos de una minoría provoca la miseria del proletariado industrial, tanto en Inglaterra como en Alemania, en Francia o en Bélgica —que es el primer país de Europa continental en sufrir el impacto económico y social de la Revolución Industrial—. El período de 1800 a 1860 se distingue efectivamente por salarios extremadamente bajos y por capitales que se esfuman. La situación es entonces tan impactante para la población que aparecen los primeros partidos socialistas (1840-1850). En

Bélgica, una serie de disturbios que se saldan con víctimas mortales obligan al rey Leopoldo II (1835-1909) a iniciar un esbozo de legislación laboral (tiempo de trabajo limitado, edad mínima, etc.). De hecho, las condiciones de trabajo de la época recuerdan a las actuales en los países en vías de desarrollo. Pero habrá que esperar a la reconstrucción posterior a las dos guerras mundiales y a la llegada del «peligro comunista» para que se hagan progresos más substanciales en términos legislativos y para que los salarios comiencen a recuperarse de su retraso a nivel de crecimiento.

Para Marx, la disminución del retorno sobre la inversión del capital causada por los choques de oferta y por el incremento de la competencia podía tener dos tipos de consecuencias: la revuelta del pueblo, privado de trabajo y de medios de subsistencia, o la guerra entre capitalistas.

¿SABÍAS QUE...?

Hablamos de «choque de oferta» cuando la industria crea más productos de los que el mercado puede consumir. Esto crea, en efecto de cascada, una disminución de las necesidades de producción, que conlleva una reducción de las necesidades de empleo y, por tanto, una bajada de los salarios; el consumo también cae, lo que reduce una demanda ya demasiado débil. Se trata de un círculo vicioso que la economía ya ha experimentado desde el siglo XIX debido a los aumentos de productividad generados por el progreso técnico.

Aunque los escritos de Marx y de Engels fueron fuertemente criticados después de la caída de la URSS (1989), teniendo en cuenta el triunfo que este acontecimiento supuso para el capitalismo, las predicciones de Marx eran correctas en numerosos aspectos:

- los antagonismos entre capitalistas desempeñaron un papel importante en la entrada en guerra en 1914;
- después de 1918, Europa se vio sacudida por graves conflictos sociales que permitieron que alcanzaran el poder partidos de extrema derecha, del nazismo (nacionalsocialismo germánico) al fascismo (ideología contrarrevolucionaria italiana, violentamente opuesta al socialismo y al comunismo);
- los movimientos socialista y comunista marcaron la historia de 1950 a 1980, e incluso dividieron el mundo en dos bloques ideológicamente opuestos durante la Guerra Fría.

Hoy en día, la pertinencia de la obra de Marx sirve para ofrecernos un marco teórico para analizar las evoluciones de la concentración del capital.

CONCEPTOS ECONÓMICOS

Dos leyes económicas

Piketty enuncia dos grandes principios económicos que califica como leyes fundamentales del capitalismo:

- la primera establece que la participación del capital en el ingreso nacional es igual al producto de la tasa de rendimiento del capital y de la relación entre el patrimonio nacional (o capital nacional, es decir, el total de los patrimonios privados) y el ingreso nacional.

La primera ley económica fundamental del capitalismo

$$\alpha = r\beta$$

- donde **α** mide la participación del capital en el ingreso nacional;
- **r** = tasa de rendimiento del capital;
- **β** = K/IN, es decir, la relación entre las existencias fijas de capital K y el ingreso nacional IN.

- la segunda ley, más reveladora de la lógica global de la obra, estipula que, a largo plazo, la relación entre el patrimonio y el ingreso nacional está relacionada con el cociente de la tasa de ahorro y la tasa de crecimiento de la economía.

La segunda ley económica fundamental del capitalismo

$$\beta = s/g$$

- donde **β** mide la participación del capital en una economía dada (K/IN);
- **s** = tasa de ahorro;
- **g** = tasa de crecimiento económico.

La contradicción central del capitalismo

Al mismo tiempo, Piketty realiza un importante balance para su demostración, que llama la contradicción central del capitalismo: si la tasa de rendimiento del capital es superior a la tasa de crecimiento (r > g) —y, en su opinión, es esto lo que se observa a largo plazo—, entonces el peso del capital en la economía aumenta, lo que provoca que la desigualdad incremente.

¿Por qué? Porque en caso de crecimiento económico inferior a la tasa de rendimiento del capital, los ingresos fruto de las inversiones de capital aumentan más rápido que los salarios. Por tanto, a los poseedores de capitales les basta con ahorrar para que sus posesiones se multipliquen más deprisa que el resto de la economía, lo que tiende a hacer que aumenten las desigualdades.

Los estudios estadísticos de Piketty muestran que el reparto tradicional de los ingresos entre capital y trabajo se sitúa en torno al 30-35 % para el capital y del 65-70 % para el trabajo. Si analizamos las variaciones de la relación K/IN a lo largo del tiempo, podemos observar que el capital ha sufrido importantes choques relacionados con la Primera Guerra Mundial, con la crisis de 1929 y con la Segunda Guerra Mundial. Después de 1950, la tasa de rendimiento de este factor de producción aumenta de nuevo de manera continua para alcanzar hoy en día un porcentaje cercano al nivel de 1910.

La relación capital/renta en el mundo, 1870-2100

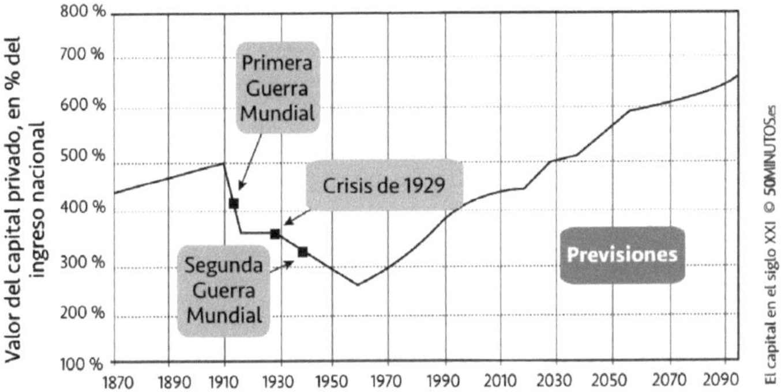

Fuente: http://piketty.pse.ens.fr/fr/capital21c[2]

Así, la participación del factor capital se ve reforzada en detrimento del factor trabajo. En efecto, si el ahorro de los más ricos aumenta más rápido que los salarios del resto de la población, también serán ellos los que tendrán los medios para invertir cada vez más en capital y, en consecuencia, seguirán enriqueciéndose a más velocidad que los demás. De ahí el principio de acumulación indefinida de Marx y una inquietud lógica en lo que se refiere a la evolución de la condición social.

2. Traducido por 50Minutos.es

EL ANÁLISIS DE PIKETTY A PARTIR DE ESTAS OBSERVACIONES

La ilusión de un regreso a los Treinta Gloriosos

Actualmente, Europa vive en la nostalgia de los Treinta Gloriosos (1946-1975), período durante el que el crecimiento se beneficia del plan Marshall (programa de ayuda económica a Europa implementado por Estados Unidos después de la Segunda Guerra Mundial) y de un fenómeno de recuperación de la productividad europea en relación con la estadounidense. Además, la guerra ha provocado una importante reducción del promedio K/IN, lo que le da a Occidente la ilusión de haber alcanzado el ideal de una sociedad sin clases, tal como intentó demostrar empíricamente el sociólogo estadounidense Robert Nisbet (1913-1996) en su artículo «The Decline and Fall of Social Class» (es decir, «El declive y la caída de la clase social», 1959). En Francia, el sociólogo Louis Chauvel (nacido en 1967) también señaló una pérdida de la conciencia de clase y una homogenización de los tipos de consumo en 1990. Sin embargo, quince años más tarde, las clases estaban de vuelta, y Chauvel publica el libro *Les classes moyennes à la dérive* (es decir, «Las clases medias a la deriva») en 2006. Con estos ejemplos se demuestran los estrechos vínculos que unen la economía y la sociología en términos históricos.

Hoy en día, seguimos imaginando que esos «Trente Piteuses» (expresión forjada por Nicolás Baverez, ensayista francés nacido en 1961, y que puede traducirse como los «Treinta Lamentables»), esos años de recesión que siguieron al período dorado de la posguerra, terminarán dejando sitio a un nuevo período de riqueza. Pero, para que la economía coincida con esta idea, el crecimiento anual del PIB tendría que ser igual o superior al 3 %, algo que no parece que vaya a producirse pronto.

Piketty sostiene, al igual que muchos economistas, que la situación de los Treinta Gloriosos fue excepcional y que es muy posible que nunca vuelva a darse. Otros países vivieron fases de recuperación con un crecimiento rápido, como los cuatro dragones asiáticos (Hong Kong, Corea del Sur, Taiwán y Singapur), de los años sesenta a los noventa. Los BRICS (Brasil, Rusia, India, Sudáfrica y especialmente China) experimentan actualmente este fenómeno de recuperación. Por su parte, China parece haber alcanzado parcialmente a Occidente, ya que hoy en día sufre una desaceleración del crecimiento por debajo del 10 %. La situación que vivió Europa durante los años cuarenta a los setenta, por tanto, no es un acontecimiento único en la historia; sin embargo, la situación actual no nos permite esperar que se vuelva a este tipo de configuración.

En este sentido es en el que debemos efectuar un cambio de paradigma: en lugar de basar nuestras reflexiones en un modelo en el que los Treinta Gloriosos serían una situación normal a la que habría que regresar, lo que tenemos que hacer es, al contrario, considerar que somos testigos de un proceso de normalización. A partir de ahí, habría que definir cómo podemos controlar democráticamente la evolución de la sociedad.

Por otra parte, muchos europeos sufren de un error de atribución causal: ven la desaceleración del crecimiento y la pérdida de su poder adquisitivo como una consecuencia directa de la liberalización de la economía. Con todo, podemos advertir que la mayor parte de esta liberalización tuvo lugar durante los años noventa, después de la caída del muro de Berlín, mientras que la desaceleración del crecimiento ocurre desde principios de los años setenta, cuando se sucedieron varias crisis petrolíferas. Esta certeza invalida parcialmente el nefasto papel de la liberalización. Bajo esta perspectiva, podemos preguntarnos qué fenómeno es la causa o la consecuencia del otro. ¿La liberalización es la que ha provocado el decrecimiento, o es la crisis la que ha permitido que el liberalismo gane fuerza?

Las desigualdades en el siglo XX

En la tercera parte de la obra, Piketty utiliza una nueva herramienta, distinta del promedio K/IN, para estudiar la evolución de las desigualdades en el tiempo: la relación interdecil. Fundada en un método estadístico clásico, esta relación es un indicador simple que permite comprar las diferencias entre los salarios más altos y los más bajos.

¿SABÍAS QUE...?

Un decil es un valor estadístico que se corresponde con una franja del 10 % de una población dada. Así, si dividimos a la población estudiada en función del salario, el primer decil representa el salario máximo del 10 % más pobre y separa a estos últimos del resto de la población: el 10 % cobra menos que el primer decil, y el 90 % gana más. Por tanto, cada decil es igual al salario que separa una franja de 10 % de los siguientes. Por extensión, los percentiles dividen a la población en franjas de 1 % y los por miles en franjas de 0,1 %.

La relación interdecil consiste en relacionar dos deciles, generalmente el primero y el último, para medir la diferencia de nivel.

El método para obtener este indicador es el siguiente:

- compila los salarios de toda una población durante un año dado;
- cuenta el número de ocurrencias de cada salario (es decir, el número de personas que tienen el mismo salario);
- coloca las cifras en un gráfico para obtener una curva de distribución de los salarios en una población, que ahora puedes dividir en franjas de 10 % (deciles), de 1 % (percentiles) o de 0,1 % (por miles);
- divide el último decil, es decir, el salario mínimo del 10 % más rico, entre el primero, que representa el salario máximo del 10 % más pobre (D9/D1);
- vuelve a realizar la operación para cada año y traslada los resultados a una línea del tiempo para obtener el promedio de desigualdad a largo plazo.

La desigualdad de la propiedad del capital

Participación de los diferentes grupos en el capital total	Europa 2010	Estados Unidos 2010
El 10 % más rico	60 %	70 %
• de los cuales el 1 % más rico	25 %	35 %
• de los cuales el 9 % siguiente	35 %	35 %
El 40 % del centro	35 %	25 %
El 50 % más pobre	5 %	5 %

Este método es muy utilizado por los institutos de estadística, pero Piketty critica el uso sistemático de la relación interdecil D9/D1, si bien la relación interpercentil C99/C10 (el 1 % más rico contra el 10% más pobre) revela mucho mejor las evoluciones actuales en materia de desigualdad. En efecto, si no consideramos los últimos percentiles, el indicador nos da pocos resultados significativos sobre las tendencias del momento.

Después de la Primera Guerra Mundial, la participación del ingreso nacional del decil superior (el 10 % más rico), que era del 45-50 % a principios del siglo XX, pasó a estar por debajo del 40 %. El promedio gana un poco de fuerza antes de desplomarse al 30 % en 1942. A continuación, efectúa una lenta subida hasta 1969, momento en el que tienen lugar las crisis petrolíferas. Con la caída del muro de Berlín, que supuso el desmoronamiento del comunismo en 1989, el promedio D9/D1 aumenta rápidamente en Estados Unidos y tímidamente en Francia.

A continuación reproducimos los gráficos que permiten comparar la situación de Francia con la de Estados Unidos.

La desigualdad de los ingresos en Francia, 1910-2010

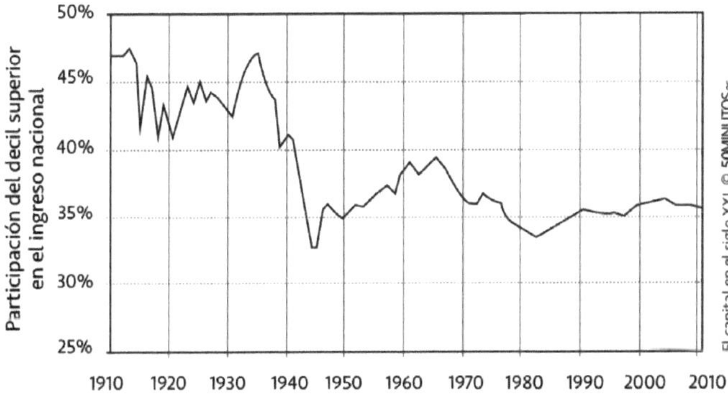

Fuente: http://piketty.pse.ens.fr/fr/capital21c[3]

3. Traducido por 50Minutos.es

La desigualdad de los ingresos en Estados Unidos, 1910-2010

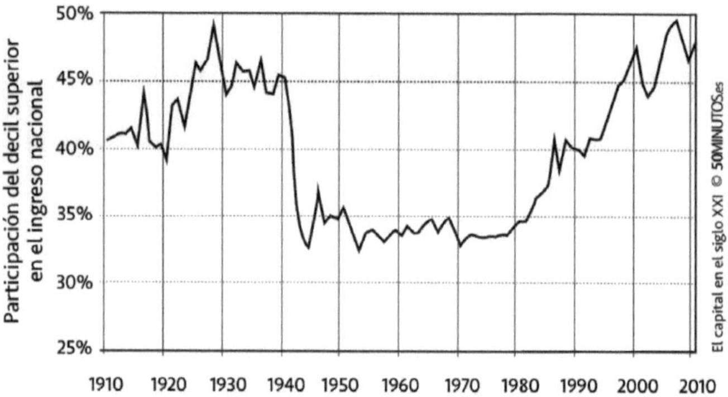

Fuente: http://piketty.pse.ens.fr/fr/capital21c[4]

A nivel sociológico, desde la *Belle Époque* (años precedentes a la Primera Guerra Mundial) hasta finales del siglo XX, pasamos de una sociedad burguesa de rentistas a una sociedad de ejecutivos más meritocrática y en la que la riqueza heredada está mal vista. Los percentiles 90 a 99 están, efectivamente, conformados por ejecutivos, ingenieros, médicos, abogados y comerciantes que ganan aproximadamente el doble del salario medio.

Si bien Piketty condena los institutos de estadística, lo cierto es que, hoy en día, el núcleo del desarrollo de las desigualdades se encuentra en el porcentaje de la población más rica, que puede ganar entre 10 y 30 veces el salario medio. Desde 1970, parece que el último decil y, sobre todo, los

---

4. Traducido por 50Minutos.es

últimos percentiles han acaparado el 75 % de los beneficios del crecimiento, mientras que durante todo el período el salario medio solo ha aumentado un 0,5 % al año. En Estados Unidos, es el crecimiento de los supersalarios (y no el de los ejecutivos medios) el que mejor explica esta diferencia con respecto a los años setenta (puesto que el fenómeno era muy anterior a la crisis de 2008). Hoy en día, los altos ejecutivos de multinacionales pueden ganar hasta un millón y medio de euros al año. Este fenómeno de origen anglosajón tiende actualmente a difundirse por Francia, Alemania, Japón y Dinamarca.

En cierta manera, mientras estas desigualdades se formen en el seno de un sistema meritocrático, estas no cuestionarán la sociedad democrática moderna. Pero dado que, como hemos visto, la tasa de rendimiento del capital es actualmente superior a la tasa de crecimiento y teniendo en cuenta que esta tasa de rendimiento del capital es especialmente más elevada cuanto más altas son las sumas invertidas, son los que ya poseen un gran capital inicial los que siguen enriqueciéndose. En cierta manera, volvemos a un modelo de sociedad rentista similar al de la *Belle Époque*.

Este tipo de evolución en la que el rendimiento del capital resulta ser muy superior al rendimiento del trabajo puede suscitar el temor de que la desigualdad regrese a los niveles de finales del siglo XIX. Porque si consideramos los motivos totalmente accidentales por los que la desigualdad disminuyó en el siglo XX, podemos comprender que los Treinta Gloriosos fueron de hecho un período excepcional, pero que los fenómenos actuales de incremento de la desigualdad pueden entenderse como una vuelta a un modelo de sociedad cuyos valores ya no compartimos.

Los efectos de la internacionalización

Mientras que en el siglo XIX la moneda y los tipos de cambio tenían una estabilidad a toda prueba, el siglo XX inventó un arma de doble filo: la inflación. Para ilustrarlo, Piketty toma como ejemplo novelas del siglo XIX como *Papá Goriot* de Balzac (escritor francés, 1799-1850), que podían contar con divisas estables para anclar sus observaciones sobre la realidad, en la medida en que un valor podía servir de referencia a largo plazo. Hoy en día, la inflación hace que sea impensable para un novelista detallar la fortuna de un personaje, ya que una descripción demasiado precisa perdería enseguida su sentido.

En cambio, dejando aparte las consideraciones literarias, la inflación ha servido para reducir la deuda pública. En efecto, esta última está calculada en valor absoluto (no está indexada a la inflación), por lo que la inflación puede reducir la deuda ya que, si los precios aumentan, el Estado ve cómo sus ingresos tributarios crecen al mismo tiempo, mientras que los intereses que hay que reembolsar se mantienen fijos. Este sistema ha sido muy utilizado por numerosos países europeos después de las crisis petrolíferas, ya que los intereses que había que reembolsar cargaban mucho los fondos públicos. Por desgracia, aunque permite pagar las deudas a bajo coste, la inflación también provoca un aumento de los costes de producción, lo que repercute en los precios de exportación y, por tanto, crea una diferencia de competitividad en relación con el resto del mundo. Este factor ha provocado por sí solo numerosas deslocalizaciones fuera de la OCDE y ha permitido la recuperación de algunos países emergentes, que han podido aprovecharse de su producción más barata.

Piketty utiliza estos acontecimientos relativos a la economía internacional para explicarnos qué tipo de evolución debemos esperar para los años venideros. La crisis en Europa y el despegue de los países BRICS hacen que algunos teman una pérdida de poder por parte del viejo continente que, para los más alarmistas, podría incluso acabar en manos de los países productores de petróleo o de China. Es cierto que estos países tienen actualmente tasas de crecimiento del 5 % al año de media, frente al 2% de los países de la OCDE; como consecuencia, estos podrían, en la hipótesis de una evolución lineal continua, superar pronto a Occidente en términos de riqueza e influencia.

Pero, en realidad, estos países están en pleno proceso de recuperación: la historia nos ha enseñado que su crecimiento disminuirá cuando hayan alcanzado el mismo nivel de desarrollo que los países de la OCDE. Este fue el caso de Europa Occidental tras la reconstrucción posterior a la Segunda Guerra Mundial, y es actualmente el caso de China, que debe renunciar a un crecimiento de dos cifras. El país sigue actualmente la misma senda que sus predecesores, devaluando su moneda para compensar su nuevo déficit de competitividad sobre los países del Sudeste Asiático, que también han entrado hace poco en este proceso de crecimiento sostenido.

Además, si los países desarrollados producen aparentemente poco en relación con la importancia global de los intercambios internacionales, es necesario saber que las transferencias de fondos de los países de la OCDE hacia el resto del mundo solo representan el 25 % de su valor añadido sobre la producción; la mayor parte de los intercambios los realizan los países miembros de la OCDE que son, entre ellos, sus mejores clientes mutuos.

Para Piketty, lo que hay que esperar no es, por tanto, una dependencia creciente de Occidente con sus proveedores de materias primas o de productos elaborados —ya que, en realidad, la mayor parte de sus intercambios no van más allá de las fronteras de la OCDE—, sino un desarrollo importante de los capitales privados. Es cierto que este modelo económico defendido por el autor predice un futuro en el que los países están cada vez más dominados por sus propios millonarios; sin embargo, esto no es una flagrante desventaja para los países occidentales. Este es el motivo por el que concluye que hoy en día vemos el desarrollo de sociedades oligarcas, sociedades en las que el poder se concentra en las manos de la minoría dominante.

Con el descenso estimado de la demografía occidental, una baja tasa de crecimiento mundial y una competencia interestatal fuerte para atraer los capitales, las tasas de rendimiento del capital se vuelven cada vez más importantes a medida que las sumas invertidas son grandes. Por todos estos motivos, es muy probable que la tendencia $r > g$ se vea reforzada en el futuro, con la consecuencia que hemos visto: un incremento de las tasas de rendimiento del capital durante un periodo de crecimiento débil tiende a aumentar el peso de este último en la economía y, por tanto, a reforzar la participación del factor capital en detrimento del factor trabajo.

Así pues, el escenario es idóneo para que los últimos percentiles y por miles de la curva de distribución de la riqueza se adueñen de una parte inédita de la plusvalía y que sus patrimonios alcancen niveles desconocidos hasta el momento.

¿QUÉ SOLUCIONES PROPONE PIKETTY?

Hay que tener en cuenta diferentes elementos para conseguir modelos de predicción que, aunque difícilmente pueden predecir el futuro —como hemos visto con el caso de Kuznets o de Ricardo—, sí pueden proponer hipótesis probables. Así, nuestras débiles tasas de crecimiento económico y demográfico no parecen listas para reducir el coeficiente K/IN. El por mil superior poseería en torno al 20 % del patrimonio mundial y vería este patrimonio aumentar en un 6 % al año, mientras que la progresión mundial del patrimonio medio solo es del 2 % anual. Considerando que el rendimiento del capital tiende a ganar en importancia en función de las sumas de capital invertido, ¡imagina la ventaja que habrían acumulado el 1 ‰ de las personas más ricas en un período de 30 años!

Piketty argumenta que este tipo de reproducción mecánica del capital a niveles inalcanzables para el trabajador, incluso altamente cualificado, pone en tela de juicio fundamentalmente a los valores de la meritocracia en los que se basa la sociedad occidental contemporánea. Es por este motivo que se posiciona a favor del establecimiento de una tasa europea o mundial que grave las grandes fortunas, con el fin de ponerle freno a esta expansión del capital no meritorio. En efecto, se trata de conservar un espacio propicio para el dinamismo empresarial al tiempo que se permite un control democrático de estos fenómenos económicos que pueden tener consecuencias sociales y políticas negativas.

François Hollande (hombre de Estado francés, nacido en 1954) ya intentó poner en marcha un impuesto así en 2012, pero la medida no hizo más que generar una fuga de capitales nefasta para la recuperación económica francesa. En el contexto actual de competencia fiscal que realizan los Estados para atraer capitales, entendemos que la política de un Hollande aislado estaba condenada al fracaso. Dicho esto, hay que admitir que un impuesto de este tipo es necesario, pero por desgracia imposible sin una mayor cooperación internacional. La última parte de *El capital en el siglo XXI* aporta una clarificación técnica sobre esta proposición de gravar el gran capital.

REPERCUSIONES

CRÍTICAS A SU PERSPECTIVA

Aunque *El capital en el siglo XXI* fue bien acogido en Francia desde el momento de su publicación, le debe su gran éxito a Estados Unidos, primer país en el que se convirtió en un verdadero superventas. Y no solo el público se rindió con entusiasmo a la obra, sino que lo hicieron también muchos críticos, que admiran principalmente la cantidad de datos estadísticos ofrecidos sobre un tema de gran actualidad y, sin embargo, poco estudiado en profundidad hasta el momento.

Sin embargo, numerosos analistas han reprochado a Thomas Piketty la manera en que ha interpretado los datos, denunciando errores de cálculo y una visión poco realista. A continuación indicamos algunos de los reproches.

Lo primero que se ha cuestionado es la propia fiabilidad de los datos, que a veces se remontan a un pasado lejano. Periodistas del *Financial Times,* en su artículo titulado «Piketty findings undercut by errors» (Giles 2014), también destaparon fallos en las cifras que pueden invalidar las teorías del autor.

Por otra parte, algunos especialistas atacan sus leyes económicas fundamentales del capitalismo, que califican de totalmente falsas. De esta manera, Jean-Philippe Delsol (coautor de *Anti-Piketty. Vive le capital au XXI*[e] *siècle!* y abogado fiscalista francés, nacido en 1950) avanza que su hipótesis de base $r > g$ no se sostiene, ya que el rendimiento del capital no puede aumentar indefinidamente más deprisa que el crecimiento. El abogado también señala que Piketty compara peras con manzanas empleando bases de cálculo diferentes para cada elemento de la ecuación.

El economista francés está en el origen de otro libro que lo critica directamente, llamado *Piketty au piquet! «Le capital au XXIe siècle». Enquête sur une imposture* (2015). El autor, Frédéric Georges-Tudo, antiguo redactor en jefe adjunto de *L'Entreprise*, arremete contra los enunciados en los que Piketty apoya su obra rebatiéndole numerosos puntos, especialmente los que hemos expuesto más arriba.

Para finalizar el apartado, queremos señalar que es interesante comprobar hasta qué punto Thomas Piketty es aclamado por los periódicos de izquierdas al tiempo que es vivamente criticado por los que reivindican una línea más liberal. Sin embargo, si analizamos las distintas entrevistas que ha concedido, nos damos cuenta de que Thomas Piketty no parece ser un polemista ni un ideólogo. No busca crear polémica: por encima de todo, es un universitario que recoge datos de manera rigurosa e intenta interpretarlos con la mayor neutralidad posible. A pesar de todo, el autor no puede esconder su tendencia a la izquierda, sin por ello dejar de criticar las carencias de esta ideología.

No hay que olvidar que la economía es una ciencia humana y que, como tal, nunca es neutra y no puede pretender detentar la verdad absoluta. Efectivamente, la economía forma parte de esas ciencias que, especialmente sensibles a los sesgos ideológicos, se conocen como «ciencias blandas»[5] (Di Ruzza 2007).

EXTENSIONES Y PERSPECTIVAS SIMILARES

En la línea de Piketty se publica en 2015 el libro *Desigualdad: ¿qué podemos hacer?*, de Anthony Atkinson (nacido en 1944), economista británico que trabajó con el francés sobre el tema de la desigualdad. La particularidad de esta obra radica en sus quince proposiciones de carácter político que, según el autor, podrían marcar la diferencia. Por ejemplo, preconiza el establecimiento de un control salarial más severo que se basaría en un salario mínimo y en un salario máximo.

Hay que destacar que *El capital en el siglo XXI* forma parte de los trabajos que ofrecieron argumentos a algunos movimientos populares, como el de los Indignados, nacido en España en mayo de 2011, o el Occupy Wall Street, que apareció en Estados Unidos en septiembre de ese mismo año. En la propia página de inicio del sitio web de este último movimiento encontramos el siguiente eslogan: «Lo que tenemos en común es que somos el 99 % de personas que no tolerarán más la codicia y la corrupción del otro 1 %» (Efe 2011).

5. Cita traducida por 50Minutos.es

EN RESUMEN

- Basándose en los trabajos de Ricardo y Marx, Piketty señala la enorme desigualdad que existía entonces, puesto que la riqueza estaba concentrada en manos de un puñado de industriales y de aristócratas. Esta se reabsorbió a partir de principios del siglo XX tras la destrucción de mucha riqueza durante las dos guerras mundiales y tras la reconstrucción en un contexto de Guerra Fría. El peligro soviético imponía, en efecto, la paz social.
- El círculo virtuoso que vinculaba aumento de los salarios con crecimiento económico vio su fin con las crisis petrolíferas de los años setenta.
- Hoy en día, nuestra miopía histórica nos incita a creer que los problemas económicos tienen su origen en la crisis de 2008. Piketty afirma que eso es falso. Son las crisis petrolíferas de los años setenta las que provocaron que se iniciara el desempleo masivo. Fue la caída de la Unión Soviética en 1989 la que hizo que el marxismo perdiera credibilidad y la que provocó una oleada de liberalización salvaje en los años noventa. Son las políticas inflacionistas que quieren reducir la deuda pública las que han creado una distancia competitiva entre los países de la OCDE y el resto del mundo. Hay que tener en cuenta todo este contexto histórico para comprender la situación económica actual. La crisis de 2008 simplemente cuestionó profundamente el sistema.
- Deseoso por que comprendamos los problemas del aumento de las desigualdades y, por tanto, de la concentración del capital actual, Piketty enuncia dos leyes fun-

damentales y una contradicción central del capitalismo, sobre las que basa sus conclusiones: en períodos de crecimiento débil, si la tasa de interés del ahorro es mayor que el desarrollo de la economía real, los poseedores de grandes capitales se enriquecerán sistemáticamente con más rapidez que el resto de la población.

- En este sentido, los Treinta Gloriosos —la situación económica del periodo que se abre después de la Segunda Guerra Mundial— no es más que una excepción en la historia. Como no es realista esperar que regresemos a tales condiciones, es muy probable que las desigualdades continúen aumentando, incluso hasta llegar a alcanzar niveles comparables con los de principios del siglo XX.
- Con todo, desde esta época, Occidente ha pasado de un modelo social aristócrata a un modelo meritocrático, de un modelo en el que era normal que la riqueza se transmitiera de generación en generación y en el que había poca movilidad social a otro en el que solo debería contar el éxito profesional. Por tanto, estas desigualdades ya no son aceptables.
- Con el objetivo de permitir que nuestra sociedad conserve este modelo meritocrático, Piketty aboga por el establecimiento de un impuesto sobre la riqueza. Como el capital es más móvil que nunca, esta tasa debería imponerse a nivel internacional si queremos evitar un fenómeno de fuga de capitales como el que sufrió el presidente Hollande al principio de su mandato.

¡Tu opinión nos interesa!
¡Deja un comentario en la página web de tu librería en línea,
y comparte tus favoritos en las redes sociales!

PARA IR MÁS ALLÁ

FUENTES BIBLIOGRÁFICAS

- Boyer, Robert. 2013. "Le capital au XXe siècle". *Revue de la régulation*, vol. 14. 12 de diciembre. Consultado el 19 de enero de 2017. http://regulation.revues.org/10352
- Chauvel, Louis. 1999. "Du pain et des vacances: la consommation des catégories socioprofessionnelles s'homogénéise-t-elle (encore)?". *Revue française de sociologie*, vol. 40, n.º 1, 79-96.
- Chauvel, Louis. 2006. *Les classes moyennes à la dérive.* París: Seuil.
- Darmangeat, Christophe. "L'équilibre néoclassique". *Introduction à l'analyse économique*. Consultado el 19 janvier 2017. http://pise.info/eco/equilibre.htm
- Di Ruzza, Renato. 2007. "La 'science économique' est-elle une science?". *Universidad de Provenza*. 4 de diciembre. Consultado el 19 de enero de 2017. http://sites.univ-provence.fr/ergolog
- Efe. 2011. "Los 'indignados' de Nueva York toman Wall Street para quedarse 'durante meses'". *El Mundo*. 17 de septiembre. Consultado el 19 de enero de 2017. http://www.elmundo.es/elmundo/2011/09/17/internacional/1316290654.html
- Etner, François y Pierre Bezbakh. 2000. "École néoclassique". *Dictionnaire de l'économie*, 203-204. París: Larousse/HER. Consultado el 19 de enero de 2017. http://www.larousse.fr/archives/economie/page/77
- Georges-Tudo, Frédéric. 2015. *Piketty au piquet! "Le capital au XXIe siècle". Enquête sur une imposture*. París:

Éditions du Moment.
- Giles, Chris. 2014. "Piketty findings undercut by errors". *Financial Times*. 23 de mayo. Consultado el 19 de enero de 2017. http://www.ft.com/cms/s/2/e1f343ca-e281-11e3-89fd-00144feabdc0.html#axzz3xhko7g4Q
- Hédoin, Cyril. 2010. "Vers un changement de paradigme en économie? Une réponse à James K. Galbraith". *La Vie des idées*. 6 de abril. Consultado el 19 de enero de 2017. http://www.laviedesidees.fr/Vers-un-changement-de-paradigme-en.html
- Hobsbawm, Éric J. 2008. *L'âge des extrêmes*. París: André Versailles.
- Husson, Michel. 2014. "Le capital au XXIe siècle. Richesse des données, pauvreté de la théorie". *Contretemps*. 10 de febrero. Consultado el 19 de enero de 2017. https://www.contretemps.eu/le-capital-au-xxie-siecle-richesse-des-donnees-pauvrete-de-la-theorie/
- Kuznets, Simon. 1955. "Economic Growth and Income Inequality". *The American Economic Review*, vol. 45, n.° 1, 1-28.
- Malthus, Thomas R. 1992. *Essai sur le principe de population*. París: Flammarion.
- Nisbet, Robert A. 1959. "The Decline and Fall of Social Class". *The Pacific Sociological Review*, vol. 2, n.° 1, 11-17.
- Piketty, Thomas. 2013. "Le capital au 21e siècle". *Paris School of Economics*. Septiembre. Consultado el 19 de enero de 2017. http://piketty.pse.ens.fr/fr/capital21c
- Piketty, Thomas. 2014. *El capital en el siglo XXI*. Traducido por Eliane Cazenave-Tapie Isoard. Madrid: S. L. Fondo de Cultura Económica de España.
- Ricardo, David. 1847. *Principes de l'économie politique*

et de l'impôt. Traducido de la edición de 1821 por Francisco Solano Constancio y Alcide Fonteyraud. París: Guillaumin.
- Solow, Robert. 1956. "A Contribution to the theory of Economic Growth". *The Quarterly Journal of Economics*, vol. 70, n.°1, 65-94.
- The World Top Incomes Database (WTID). Consultado el 19 de enero de 2017. http://topincomes.parisschoolofeconomics.eu/

FUENTES COMPLEMENTARIAS

- Atkinson, Anthony B. 2016. *Desigualdad: ¿qué podemos hacer?* Ciudad de México: Fondo de Cultura Económica.
- de Balzac, Honoré. 2000. *Papá Goriot*. Veracruz: Universidad Veracruzana.
- Delsol, Jean-Philippe, Nicolas Lecaussin y Emmanuel Martin. 2015. *Anti-Piketty. Vive le capital au XXI*[e] *siècle!* Niza: Libréchange.
- Occupy Wall Street. Consultado el 19 de enero de 2017. http://occupywallst.org/
- We Are The 99 Percent. Consultado el 19 de enero de 2017. http://wearethe99percent.tumblr.com/

www.en50Minutos.es

ISBN ebook: 9782806280251

ISBN papel: 9782806293312

Depósito legal: D/2017/12603/35

Libro realizado por Primento*, el socio digital de los editores*